10歳からのルールを考える会／編集

新・10歳からの
ルール100

②社会のルール

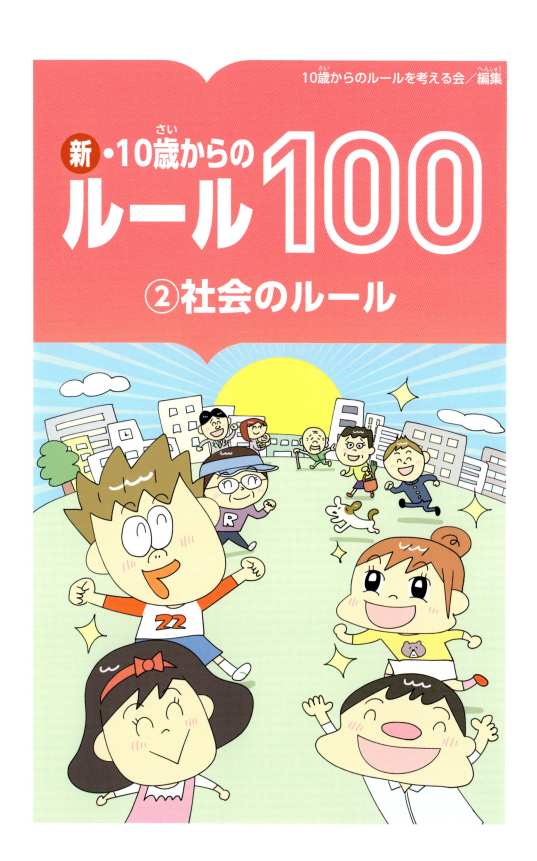

すずき出版

はじめに

ルールって何？

　すもうなら、土ひょうから足が出たら負けというのがルールだし、バレーボールなら、ボールを床に落としちゃダメというのがルールだってことは、みんなも知っているでしょう？　スポーツだけじゃないですね。赤信号ではとまれ、青信号なら進めという交通のルールもあります。そのほか、たくさんの人がいっしょにくらす場面ではさまざまなルールが決まっています。

　ルールでたいせつなことは、みんながなっとくできるものであるということ。だれでも例外なく、平等に守るべきものだからです。なっとくできないときは、どうしてそのルールが決められるようになったのか、よく考えてみましょう。考えてもわからないときは、おとなに聞いてみるといいですね。

　ルールを守るということは、自分を守り、まわりの人を守るということです。交通ルールを守って歩行者が赤信号でとまるのは、車から身を守るためでしょう？　それと同じことです。でも、道路には信号があるけれど、生活の中では、はっきり見える信号のない場合も多いですね。そんなときには、心の中に自分なりの信号（ルール）を持つことがたいせつです。この本を読んで、ルールについて考え、自分の信号を持つようになってくれたらうれしいです。

10歳からのルールを考える会

イチゴ町の仲間たち

ルル村さん　　ソウタ　　レン　　サクラ　　ユイ

もくじ

パート1
社会のルール

こんなことしてない？ ……………… 5
元気にあいさつしてほしい
コンビニ前でたむろしないで
気をつけて！ ……………………… 7
自転車が盗まれた！
暗くて見えないよ！
いそいでいたから…
こんなことしてない？ ……………… 9
友だちじゃないのよ
クイズ ことばづかいクイズ ……… 10
こんなときどうする？ …………… 11
逃げた犬をつかまえてもらったよ
落とし物をひろったけど…
こんなことしてない？ ……………… 12
いけないことをしている人がたくさんいるよ
してはいけない！ ………………… 15
きょうみがあったから…
店員が見ていないから…
ふつうのクスリといわれて…
こんなことしてない？ ……………… 16
いけないことをしている人がたくさんいるよ
すわりたいから…
あいてたからすわったけど…
クイズ バリアフリークイズ ……… 21

こんなことしてない？ ……………… 22
みんなならんでたのに…
静かにしてくれよ！
もしこんなことをしたら… ……… 24
公園でルールを無視したら…
なんでもとりたくなっちゃうんだ
どうしても入りたいから…
気をつけて！ ……………………… 27
へんな人が近づいてきた！
顔にかかったよ！
こんなことしてない？ ……………… 28
つい気になって…
おなかがすいてたから…

パート2
SNS・メール・インターネットのルール

クイズ 著作権クイズ ……………… 31
コラム ルル村さんの知恵の小箱 …… 33
「著作権」って何？・「肖像権」って何？
クイズ こんなときどうする？ クイズ …… 34
こんなことしてない？ ……………… 37
広告をクリックしてみたら…
気をつけて！ ……………………… 38
いやらしいホームページに来ちゃったよ～
出会い系サイトに来ちゃったよ～
コラム ルル村さんの知恵の小箱 …… 39
情報を検索するときのルール

パート1 社会　ルール36

こんなことしてない？
元気にあいさつしてほしい

キムラさんちのレンくんだわ。「おはよう」っていおうと思ったのに…。へんな子ねぇ。

マンションの **ナカムラ**さん

ほかのご近所さんはどう思ったかな？

同じマンションなんだから、みんなレンくんのこと知ってるんじゃない？ あいさつぐらいしなきゃね。

お向かいの **タナカ**くん

え～、だって話したことないし、てれくさいよ。

レンくん

 ルル村さんに聞いてみよう

あいさつから始めよう

「顔を知っている人」から「ご近所さん」に変わるのは、あいさつし合う仲になることから始まるの。まずは自分から元気にあいさつしてみよう。そうすればアナタもリッパな近所の一員よ。ご近所さんをどんどんふやしてね！

おはようございます！　まぁ♡

ルール 36　近所の人にあいさつをする

※この本は、ルール36からスタートです。

ルール 37　　パート 1　社会

こんなことしてない？
コンビニ前でたむろしないで

いつも中学生がたむろしててコワ〜イ。こっち見ないで〜。

サクラちゃん

ほかのご近所さんはどう思ったかな？

店の前でたむろされると、とってもじゃま。歩道をふさいでるし。

よく買い物に来るヤマダさん

すぐ食べたかっただけなんだけどな〜。じゃまだったのか〜。

イチゴ中学のコバヤシくん

ルル村さんに聞いてみよう

自分の部屋じゃないよ

町の中は、みんなの場所。まわりの人の迷惑（めいわく）になることは、やめましょうね。お店の人やお客さんや通行人の身になって考えて。人が多く出入りするところにたむろしていたら、じゃまだってことはすぐわかるよね。

ルール 37　人が多く出入りするところでたむろしない

気をつけて！
自転車が盗まれた！

 ルル村さんに聞いてみよう

しっかり防犯対策をしよう

まずは、かならず駐輪場にとめること。もし、駐輪場でカギをこわして盗もうとしていたら、ほかの人がへんだと気づくはずよ。そして、自転車のカギはこわされることが多いから、盗まれないようにチェーンロックも使いましょう。かならず防犯登録もしてね。防犯登録をしていれば、もし盗まれても、警察が見つけたら連絡をくれるから。

> **ルール 38　自転車の管理は自分でする**

暗くて見えないよ！

 ルル村さんに聞いてみよう

ライトをつけるのはおたがいのため

自転車に乗っていて、暗くなってきたら、かならずライトをつけよう。ライトをつけるいちばんの理由は、自転車で走ってくるアナタに気づいてもらうため。もちろんアナタもライトをつけないと、暗くて見えないからあぶないよね。暗くなってから自転車に乗るときは、ライトをつけるだけではなく、ゆっくりこぐなど、事故を起こさないように、事故にあわないように注意しましょう。

> **ルール 39　暗くなったら自転車のライトをつける**

ルール 40　　パート 1　社会

気をつけて！
いそいでいたから…

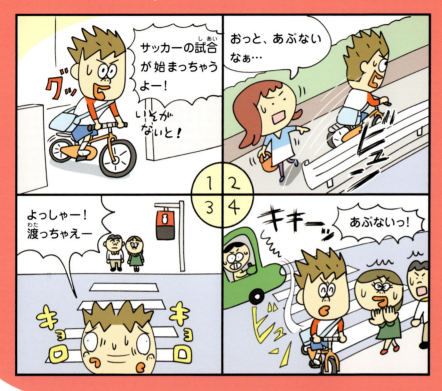

ソウタくん

まわりの人はどう思ったかな？

あんなにスピード出して、ケガしたらどうすんのよ！

通行人の**タカダ**さん

どんな理由でも、赤信号はとまらなくちゃダメよ！

ご近所の**スズキ**さん

ルル村さんに聞いてみよう

人も自分も危険になる乗り方はダメ！

自転車は、免許がなくても乗れるから便利よね。でも交通ルールでは、自転車は車と同じ「車両」なの。だから、赤信号ではとまらなくてはいけない。歩道を走るときも、歩行者を優先しなければいけない。交通ルールを守らないと、人にケガをさせてしまったり、自分が事故にあうこともあるから、気をつけるのよ。

歩道は歩行者が優先なんだね

ゴメンナサイ…

ルール 40　自転車に乗るときは交通ルールを守る

パート 1 社会　　ルール 41

こんなことしてない？
友だちじゃないのよ

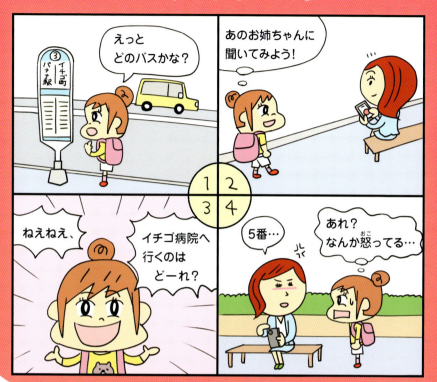

会社員の**ワタナベ**さん

 ほかの人はどう思ったかな

人に何か聞くときは、ていねいにしゃべらなきゃダメじゃん。おとなに話しかけるなら、敬語でしょ？

サクラちゃん

やさしそうなお姉ちゃんだったから、ついふつうにしゃべっちゃった〜。

ユイちゃん

 ルル村さんに聞いてみよう

きちんと伝わる話し方を考えよう

おとなと話すのは、アナタにとっては緊張することだよね。でも、がんばってきちんと話すことがたいせつ。何かおとなに聞きたいことがあるときは、きちんとしたことばで、ていねいに話しましょう。親切に答えてくれるはずよ。

| ルール 41 | **正しいことばづかいで おとなと話す** |

クイズ　パート1 社会

ことばづかいクイズ
アナタの答えは★いくつ？

アナタは、ご近所さんや知らない人、友だちの家族と話すとき、きちんとしたことばづかいをしているかな？ 次の場面では、どれがよいことばづかいか考えてみよう。

第1問

ハヤシさんがレンくんの家に来ました。「こんにちは。お母さんはいらっしゃる？」レンくんはどう答えたらいいかな？
(1)「ママは出かけてるよ」
(2)「ママは出かけています」
(3)「母は出かけております」

第2問

ソウタくんが電車に乗っていたら、おじいさんが次の駅で乗ってきました。席をゆずるにはなんといえばいいかな？
(1)「おじいさん、すわってください」
(2)「じいちゃん、すわりなよ」
(3)「どうぞ、おかけください」

第3問

ユイちゃんがサクラちゃんの家に電話したら、お母さんが出ました。サクラちゃんを呼んでもらうには、なんて話せばいいかな？
(1)「サクラさんはいらっしゃいますか？」
(2)「サクラちゃんいる？」
(3)「サクラちゃんいますか？」

むずかしいでしょうけど、まわりのおとなと話しながら、少しずつきちんとしたことばづかいを覚えていきましょう。

答え

●第1問
(1) ★☆☆
はっきり伝えていることに星1つ。
(2) ★★☆
ていねいにいえているから星2つ。
(3) ★★★
きちんと敬語を使えているから星3つ。

●第2問
(1) ★★☆
ていねいにいえているから星2つ。
(2) ★☆☆
席をゆずるやさしさに星1つ。
(3) ★★★
きちんと敬語を使えているから星3つ。

●第3問
(1) ★★★
きちんと敬語を使えているから星3つ。
(2) ★☆☆
用件をはっきり伝えていることに星1つ。
(3) ★★☆
ていねいにいえているから星2つ。

パート1 社会　ルール 42-43

こんなときどうする？

逃げた犬をつかまえてもらったよ

 ルル村さんに聞いてみよう

感謝の気持ちをきちんと伝えよう

足の速いお兄さんがつかまえてくれてよかったね。でも、ちょっと待って。「ありがとうございます」ってお礼をいっていないわよ。うれしい気持ちや感謝していることは、きちんとことばにして伝えましょうね。

ルール 42　親切にしてもらったらお礼をいう

落とし物をひろったけど…

 ルル村さんに聞いてみよう

落とした人の気持ちになろう

落とし物をひろったら、いちばん近い交番に届けること。用事があってむりなときは、おとなに話してたのむといいわよ。お店や乗り物の中、遊園地などでひろったときは、お店の人や駅員さん、案内係の人などに届けて。もし自分がたいせつな物をなくしたら、さがすでしょう？　落とした人の気持ちになって、そこらへんに放置しないで、届けてあげなさい。

ルール 43　落とし物は交番に届ける

ルール 44-48　パート1　社会

さあ、何がいけないかわかったかな？

ペットのフンのしまつは飼い主の役目。自分の家の庭だったら、ちゃんとしまつするでしょう？ 道路はたくさんの人が通るのだから、そのままにしたら大迷惑！ さんぽをするときにはビニール袋を持っていき、フンはかならずひろって帰ること。

ルール44　ペットのフンはきちんとしまつする

ゴミを投げすててはダメ！ 道にすてたゴミはだれかがひろわないかぎり、ずっとそこに落ちている。道はゴミ箱ではないのだから、かならず決められた場所にすてること！ ゴミ箱がないときは、持ち帰りましょう。

ルール45　ゴミをポイすてしない

カサは、先がとがっていて危険！ とくに、さしていないときがあぶない。階段は段差があるから、持っているカサが後ろの人にぶつかったりする危険があるの。道を歩いているときも、前後を歩く人にぶつけていないか、カサの持ち方には注意して！

ルール46　閉じたカサの持ち方に注意する

エスカレーターで走るのはとても危険！ 足をふみはずしてしまったら、たいへんな事故になる。それに、とまっている人にぶつかって、ケガをさせてしまうかもしれないでしょう？ 走ってはダメ！

ルール47　エスカレーターで走らない

お店にならべてある物は、すべて売り物。よごれた手でさわったり、やわらかい食べ物を指で押しつぶしたりしてはダメ！ もし商品をよごしてしまったり、こわしてしまったときは、だまって逃げないでお店の人にあやまりなさい。

ルール48　店の商品をむやみにさわらない

パート1 社会　ルール49-51

してはいけない！

きょうみがあったから…

子どもがタバコなんか買っちゃダメ！タバコはおとなが自分の責任で楽しむ物。アナタたちは成長段階なのだから、成長のさまたげになる物に手を出さないで。お酒も20歳になるまでは飲んではいけない。タバコもお酒も、未成年者は法律で禁止されているのよ。

ルール49　酒やタバコに手を出さない

気づかれなければ物を盗んでもいいの？ どんなに小さな物でも盗んだら犯罪よ。物を盗んでも平気な人間にだけはならないで。万引きを遊びのつもりでするなんてもってのほか！ 友だちにさそわれても、ぜったいにしないで！

ルール50　万引きをしない

店員が見ていないから…

ふつうのクスリといわれて…

顔見知りの人からすすめられても、よくわからない物は受け取らないで。「ねむくならないための、よくあるクスリだから」なんていわれても、知らないクスリはぜったいに飲まないで！ もし、それがドラッグだったら、命を落とすことになるかもしれないと知っておきなさい。

ルール51　ドラッグには手を出さない

パート1 社会　ルール52

ルール 52　パート1 社会

さあ、何がいけないかわかったかな？

座席を占領しない

荷物はひざの上にのせなさい。みんな席にすわりたいのだから、荷物で席を占領するなんて自分勝手すぎ！　こういうことに気づかないと、「なんて無神経なやつだろう」とみんなから思われるわよ。となりの人との間もできるだけつめてすわりなさい。

電車やバスの中で飲み食いしない

電車やバスはみんなが使う公共の乗り物。アナタの家じゃないのだから、飲んだり食べたりしないで。飲み物のしずくがはねたり、食べカスがこぼれたりすることだってあるし、においも広がる。まわりの人に迷惑をかけないで！

優先席の近くでは混雑時にはケータイ・スマホの電源を切る

優先席は、お年寄りや妊婦さん、赤ちゃんを連れているお母さん、からだの不自由な人などが優先的にすわれる席だということは知っているよね。心臓のぐあいが悪くて、ペースメーカーをつけている人だっているかもしれない。ケータイ・スマホがペースメーカーにえいきょうしないように、こんでいるときに優先席の近くにいたら、電源を切りましょう。

乗り物の中や静かにすべき場所では、ケータイ・スマホをマナーモードにする

電車やバスにかぎらず、みんなが集まる場所では、まわりの人の迷惑にならないように静かにしましょう。乗り物の中で通話しちゃいけないのは、みんな知っているよね。乗り物の中では、本を読んでいたり、寝ていたり、考えごとをしていたり、いろんなことをしている人がいるの。マナーモードにするのは、急にケータイ・スマホが鳴ったり、着メロが流れたりして、人をいやな気分にさせないためなのよ。

ルール52　電車やバスの中で人に迷惑をかけない

パート1 社会　ルール53

こんなことしてない？
すわりたいから…

毎日これだから、朝からどっとつかれちゃうよ〜。

会社員A

ほかの人はどう思ったかな❓

さっさと降りないから乗る人とぶつかるんだ。

会社員B

降りる人がみんな降りるまで待ってろよ！

会社員C

ルル村さんに聞いてみよう

降りる人が先

電車やエレベーターでは、降りる人が全員降りてから乗りなさい。降りる人を押しのけて、早く席にすわろうとする人がよくいるけれど、そんなことをしていたら、乗り降りがスムーズにいかなくなって、たくさんの人に迷惑がかかるのよ。降りる人優先をみんなで守りましょう。

おとなもルールを守ろうよ！

はい

ルール53　電車やエレベーターでは、降りる人がすんでから乗る

ルール 54 　パート1 社会

こんなことしてない？
あいてたからすわったけど…

お年寄りが乗ってきたけど、ボクらもずっと立ってたからなぁ。どうしよう…。

ソウタくん

お年寄りはどう思ったかな？

元気な子どもは立ってくれんかなあ。

ご近所のヒロタさん

あらっ？レンくんだわ。席をゆずってくれないかしら。

ご近所のタケダさん

 ルル村さんに聞いてみよう

席をゆずるのはかっこいい！

電車やバスにはいろんな人が乗るわね。健康な人だけでなく、お年寄りや妊婦さん、赤ちゃんを連れているお母さん、からだの不自由な人だっている。すわらないとつらい人が立っていたら、ころんでしまうかもしれない。そういう人がいたら、優先席にかぎらず席をゆずろうね。

ルール 54　電車やバスでは、お年寄りやからだの不自由な人に席をゆずる

パート1 社会 **クイズ**

バリアフリークイズ

これってオッケー？

「バリア」とは、じゃまをする物。「バリアフリー」とは、くらしの中で、じゃまになる物をなくそうという考え方なの。
では、次の3つの場面で、みんながしていることに問題がないか、絵をよく見て答えましょう。

第1問
買い物する間、お店の前の駐輪(ちゅうりん)スペースに、自転車をとめたよ。
これってオッケー？

第2問
ちょうどいいスロープがあったから、みんなですわっておしゃべりしたよ。
これってオッケー？

第3問
すいているエレベーターがあったから、乗っちゃった。
これってオッケー？

3問ともオッケーじゃないのよ！

第1〜3問は、どれもしてはいけないことなの。目の不自由(ふじゆう)な人のための点字ブロックの上に、自転車がはみ出していたら危険(きけん)でしょ。車イス用のスロープにすわっておしゃべりしたらじゃまになるかもしれない。すいているからって、車イスやベビーカー優先(ゆうせん)マークがあるエレベーターに乗っちゃダメ。なんのためにある施設(しせつ)なのか、よく見て考えたらわかるはずよ。アナタも、ほかにどんなバリアフリーのくふうがあるか、気づかずにじゃまをしたりしていないか、考えてみましょう。

ルール 55 パート1 社会

こんなことしてない？
みんなならんでたのに…

オレはいそいでんだよ。ひとりぐらいいいだろ？

（わりこんだお兄さん）

ほかのご近所さんはどう思ったかな？

みんながならんでるのに、わりこむなんてズルイ人ね！

（ご近所のヤマダさん）

おとなのくせに、サイテー！

（サクラちゃん）

ルル村さんに聞いてみよう

横入りをしない

乗り物に乗るときやスーパーのレジ、駅のトイレなど、列を作ってならぶことって多いよね。自分の番が来るまで、みんなきちんとならんでいるのだから、勝手に横入りされたら、頭にくるのはあたりまえ。たとえおとながしていたとしても、ぜったいにマネしないで。

ルール 55　順番待ちの列にわりこまない

パート1 社会　ルール56

静かにしてくれよ！

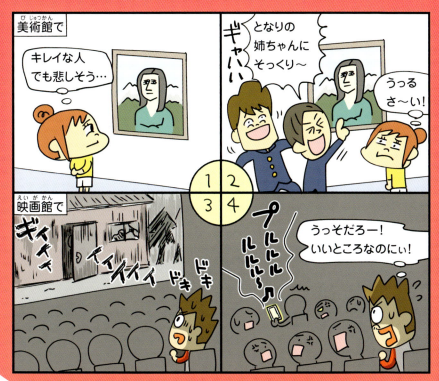

スマホの着信音のせいで、せっかくの場面がだいなしだよ…。

ソウタくん

ほかのご近所さんはどう思ったかな❓

静かにできない人は、出ていってもらいたい。

ご近所のコンドウさん

せっかく絵の世界にひたってるのに、うるさいから帰る！

ユイちゃん

ルル村さんに聞いてみよう

作品鑑賞におしゃべりはじゃま

映画館や美術館など、たくさんの人が集まって作品を鑑賞する場所では、静かにしなさい。楽しみにしていた作品を見るとき、まわりの人がしゃべっていたら気が散るし、落ちついて楽しめないよね。ほかの人に迷惑をかけないようにしましょう。

いねむりかと思ったらこわすぎてきぜっしてる？

ルール 56　映画館や美術館では静かにする

ルール 57　パート 1 社会

もしこんなことをしたら…

公園でルールを無視したら…

ソウタくん

たしかに6歳までって書いてあったけど、つい遊びたくなっちゃって…。

係の人はどう思ったかな？

係の人

入口にルールが書いてあるんだから、ちゃんと守ってくれないとダメだよ！

レンくん

6歳も10歳もあんまり変わらないかと思って…。

 ルル村さんに聞いてみよう

ルールは守りなさい

公園や遊園地、温泉やキャンプ場など、人がたくさん集まるところでは、その場所のルールが決められていることが多いの。そういうルールは目立つところに書いてあるから、かならず読むこと。無視すると、人に迷惑をかけたり、危険な目にあったりするからね。ルールの内容でわからないことがあったら、係の人に聞きましょう。

本物の1年生はかわいいなー

ルール 57　その場所のルールを守る

パート1 社会　ルール58

なんでもとりたくなっちゃうんだ

オレ、写真が趣味なんだ。今日はいいものとれたなぁ。

イチゴ中学の**コバヤシ**くん

まわりの人はどう思ったかな？

美術品の写真って、とっちゃダメだろ！？

お客のひとり

えっ！ダメなの？

イチゴ中学の**コバヤシ**くん

ルル村さんに聞いてみよう

どこでもなんでもとってはダメ！

めずらしいものやおもしろいものを見つけたら、ケータイ・スマホで撮影したくなるよね。でも、撮影禁止の場所では、とっちゃダメ。写真をとるときは、撮影が許可されているかどうか、かならず確認すること。人の写真の場合も、本人の許可をとらずに撮影することは、「肖像権」という権利を侵害するからね（→33ページの「肖像権」を読んでね）。また、自撮りであっても、シャッター音でまわりの人に迷惑をかけるから、乗り物の中やお店の中ではやめようね。

ルール 58　撮影をしてはいけない場所では、写真をとらない

ルール 59　パート1 社会

もしこんなことをしたら…
どうしても入りたいから…

見つかっちゃったよ。まずいな。おじさん怒ってる…。

ソウタくん

警備員さんはどう思ったかな？

最近、スマホ持ってウロウロ勝手に入ってくる人がいて大迷惑だよ。

警備員さん

いけないってわかってたけど、つい…。

レンくん

ルル村さんに聞いてみよう

勝手に入ってはダメ！

スマホのゲームにむちゅうになって、よその人の敷地や工場、立入禁止の場所などに入りこむのは、危険だし、法律違反になるのよ。使われていない建物や工事中の建物にも入ってはダメ。建物や土地にはかならず持ち主がいるからね。

| ルール 59 | 立入禁止の場所や人の敷地に入らない |

気をつけて！
へんな人が近づいてきた！

 ルル村さんに聞いてみよう

あぶない目にあわないように、自分を守ろう！

知らない人がすぐ近くに寄ってきて危険を感じたり、車にむりやり乗せられそうになったときは、大声を出してまわりに知らせなさい。人通りのない道であぶないと思ったら、とにかく逃げて。知らない人にはぜったいについていってはダメ！ 夜に出かけるときは、かならずおとなについてきてもらいなさい。あぶない目にあわないよう、自分で自分を守りましょう。一度大声を出す練習をしておくといいわよ。

ルール 60	あぶないと思ったら大声で助けをもとめる
ルール 61	暗くなったらおとなといっしょに出かける

顔にかかったよ！

 ルル村さんに聞いてみよう

せきやくしゃみを飛ばさない

せきやくしゃみをするときに、きちんと手で口をふさがないと、つばや鼻水がまわりに飛んでしまうよね。人のくしゃみやせきをかけられたら、アナタもいやでしょう？ カゼやほかの病気がうつってしまうかもしれない。おたがいのために、気をつけましょうね。

ルール 62	せきやくしゃみをするときは口を手でふさぐ

ルール **63**　パート **1** 社会

こんなことしてない？
つい気になって…

メッセージがきたから、すぐに返事しなくちゃと思って、つい歩きスマホしちゃった…。

イチゴ中学の **タムラ**くん

ご近所さんはどう思ったかな？

まわりも見ないでフラフラ出てきて、ものすごくあぶないよ！

ドライバーの **オオキ**さん

自転車に乗ってスマホをいじるなんて、あぶないに決まってるだろ！

ご近所の **ヨシムラ**さん

ルル村さんに聞いてみよう

歩きながらケータイ・スマホをいじらない

ケータイ・スマホにメッセージが届いたら、だれからどんなメッセージがきたのか気になるよね。でも、歩きながらケータイ・スマホの操作をしてはダメ。画面を見て歩いていたら、まわりのことに注意が向かず、ほかの人にぶつかったり、ケガをさせてしまうことになって大迷惑よ。自転車に乗りながらなんて、もってのほか！　どうしても操作したいときは、かならずじゃまにならないところにとまってからにしなさい。

歩いてたら操作できないようなしくみにしたらいいのに

| ルール **63** | 歩きケータイ・スマホをしない |

パート1 社会　ルール64

おなかがすいてたから…

えっ!? おやつ用かと思って、勝手に食べちゃったよ。

サクラちゃん

ユイちゃんのお母さんはどう思ったかな？

これから来るお客さんのために用意してたのに…。

お母さん

サクラちゃんが、食べちゃったんだよ～。

ユイちゃん

ルル村さんに聞いてみよう

よそのうちは自分の家じゃないのよ

仲よしの友だちの家に遊びに行くと、家の人と親しくなったり、かわいがってもらうこともあるよね。自分の家にいるような気持ちになって、その家にある物を勝手にいじったり、使ったりしていないかな？　友だちの家はよその家で、自分の家ではないよね。よその家にあがったら、友だちや家の人に聞いてから行動しましょう。

ケーキ買ってきます！
ゴメンナサイ

いいのよのこりも食べちゃいましょ

ルール 64　よその家にあがったら勝手なことをしない

パート2
SNS・メール・インターネットのルール

インターネットを使えば、かんたんに情報を手に入れたり、友だちと連絡をとることができるよね。とても便利なものだけれど、じつは知っておかないといけないことや危険なこともあります。みんなでSNS・メール・インターネットのルールを見てみましょう！

※SNSとは、ソーシャル・ネットワーキング・サービスの略です。コミュニケーションを電子化するサービスのことで、FacebookやTwitter、LINEのSNS機能などが知られています。

著作権クイズ これってオッケー？

パート2 SNS・メール・インターネット クイズ

「著作権」とは、音楽や映像、文章やマンガ、写真やイラストなどの作品を、ほかの人に勝手に使われないための権利のこと。「著作権法」という法律で決められているのよ。では、次の場合は、著作権の持ち主に許可をとらずにしていいこと？ 悪いこと？

第1問

この写真キレイ！ だれがとったかわからないけど、ダウンロードしてわたしのSNSで公開しよう。
これってオッケー？

第2問

このポエムすてきだなぁ。コピーしてボクのブログにのせよう。
これってオッケー？

第3問

このマンガおもしろい！ みんなに教えたいから写真をとってネットの掲示板にアップしよう。
これってオッケー？

答えは次のページだよ……>

ルール 65 パート2 SNS・メール・インターネット

アナタの答えは正解だったかな？

第1問 ダメ！

人がとった写真を勝手に使ってはいけない

だれかがとった写真を勝手に公開するのはダメ。何かに使いたい場合はとった人に許可をもらいましょう。

第2問 ダメ！

絵や文章など、人の作品を勝手に使わない

文章や絵、音楽など、人が創作した作品にはすべて著作権という権利があるの。勝手に自分の物のように使うのはダメ。だれに許可をもらえばいいのかわからないときは、おとなに相談しましょう。

第3問 ダメ！

出版されているマンガや小説を写してインターネットで公開しない

どんなにおもしろくてもマンガや小説を写してインターネットで公開するのはダメ。お金を払わないと読めない物なのに、インターネット上でタダで読めちゃうのはおかしいよね。

ルール 65　著作権で守られている作品を勝手に使わない

パート2 SNS・メール・インターネット　コラム

ルル村さんの 知恵の小箱

「著作権」って何？

どんなに短い文章やかんたんなイラスト、写真、音楽、映像であっても、それを書いた人、作った人、撮影した人に「著作権」という権利があるの。「著作権」とは、自分の作品を、人に勝手に使われないための権利のことで、ほかの人がその作品を使いたいときは、「著作権」の持ち主に許可をもらわなければならない。このことは、「著作権法」という法律で決められているの。インターネット上では、ほかの人のブログやホームページからイラストや文章をコピーして、自分のページにはりつけることがかんたんにできてしまうけれど、これは法律違反なのでぜったいにやめましょう。

著作権があるもの
音楽、映画、ビデオ、動画、写真、地図、模型、絵画、彫刻、マンガ、イラスト、小説、詩、俳句、雑誌・新聞の記事、ホームページ、ブログなど。

「著作権フリー素材」は勝手に使ってもいいの？
「著作権フリー素材」という、許可をとらずに無料で自由にコピーして使ってもよいイラストや写真があるのよ。これはもちろん使ってもだいじょうぶ。でも、使うときの条件などを作者が決めていることも多いので、説明をよく読んでから使うようにしてね。

「肖像権」って何？

25ページに出てきた「肖像権」とは、本人の許可なく写真をとられたり、公開されたりしない権利のこと。人を勝手に撮影したり、それをインターネット上に公開したりすると、「肖像権」を侵害することになるの。とくに有名人の場合は、勝手に撮影したり公開したりすると、訴えられることもあるのよ。また、自分で撮影した写真でない場合は、その写真を撮影した人に「著作権」があることもわすれないで。

こんなときどうする？クイズ

クイズ パート2 SNS・メール・インターネット

キャンペーンに応募するのに個人情報を登録したい

Q1 どちらがいいアドバイスかな？

「500名様に限定グッズプレゼント！」

キャンペーンにご応募いただいた方の中から抽選で500名様に、ココでしか手に入らない限定グッズをプレゼント！ 画面下の項目に住所や電話番号を記入するだけで応募はカンタン！

- キャンペーンに応募するだけならだいじょうぶ。今すぐ応募しよう！
- 本当にキャンペーンサイトなのかわからないし…。おとなに聞いたほうがいいよ。

SNSで知らない人からメッセージがきた！

Q2 どちらがいいアドバイスかな？

こんにちは！ いつも楽しい投稿やキレイな写真を見させてもらっています。ボクの顔や性格はSNSアカウントを見てくれればわかると思います。よかったら直接メールをしませんか？

- SNSにある情報で顔や年もわかるし、連絡先を教えても問題ないんじゃないかな？
- 写真や書いてあることが本当かわからないし、やめたほうがいいよ。

パート2 SNS・メール・インターネット　クイズ

答えは次のページだよ……>

ユーザーIDとパスワードならだいじょうぶ？

Q3 どちらがいいアドバイスかな？

オンラインゲームのレアアイテムをさしあげます。ユーザーIDとパスワードを教えていただければ、そのアカウントへお送りします。

「ユーザーIDとパスワードを公開するのは危険だよ。」

「住所や電話番号みたいな個人情報じゃないし、だいじょうぶでしょ！」

文化祭の写真をSNSで公開したよ

Q4 どちらがいいアドバイスかな？

今日は文化祭でした！楽しかった〜♪写真をたくさんアップします！

「思い出はみんなでシェアしたほうがいいよね！」

「ぼくたちが通ってる学校が、よその人に知られちゃうからマズイよ。」

ルール 66　パート2　SNS・メール・インターネット

どちらがいいアドバイスかわかったかな？

A1 正解はユイちゃん！

キャンペーンサイトや会員限定サイトに登録するときに、住所や電話番号の登録をもとめられることがよくあるの。もし個人情報の登録が必要な場合は、おとなに相談しましょう。

A2 正解はレンくん！

SNSを見ていると、知らない人でも友だちになったような感覚になるよね。でも、のせている写真や情報が本物とはかぎらないの。もしメッセージがきた場合は無視するか、おとなに聞いてみて。

A3 正解はサクラちゃん！

ユーザーIDとパスワードがあれば本人になりすまして、いろんな悪いことができちゃうの。オンラインゲームだと勝手にキャラクターを動かされてしまったり、有料のものを勝手に購入されたりすることもあるから気をつけて！

A4 正解はソウタくん！

住んでいる地域や学校名が特定できるような写真をインターネットで公開するのはやめましょう。もしアナタにきょうみを持った人がいて、学校のまわりや帰り道まで来たらこわいでしょ。写真をインターネットにのせるときは位置情報（※）にも注意してね。

ルール66　個人情報をむやみに公開しない

※SNSに写真を投稿するときは位置情報をオフにしておこう

GPS機能搭載のデジカメやケータイ・スマホで撮影した写真には、位置情報のデータがふくまれていることもあります。位置情報がふくまれた写真をSNSやブログなどで公開すると、かんたんに撮影した位置が特定されてしまいます。SNSに写真を投稿するときは、位置情報が表示されていないかチェックしましょう。

きほんはオフ

パート2 SNS・メール・インターネット　ルール67

こんなことしてない？
広告をクリックしてみたら…

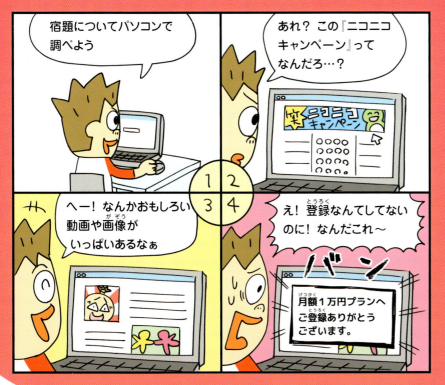

気になってクリックしちゃった！まずかった！？

ソウタくん

みんなはどう思ったかな

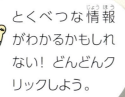

とくべつな情報がわかるかもしれない！どんどんクリックしよう。

レンくん

宿題について調べてるんだから、よけいなことしちゃダメよ！

サクラちゃん

 ルル村さんに聞いてみよう

むやみにクリックしない

インターネットのサイトにはたくさん広告がのっているわね。クリックさせるために魅力的なことばや気になる画像を使っているものも多いの。でもクリックしただけでへんなものをダウンロードさせられてしまったり、ウイルスにやられちゃうこともあるのよ。むやみにいろんなところをクリックしないように気をつけましょう。

自分の調べたいことに集中しよう！

| ルール 67 | 必要のないクリックはしない |

ルール68　パート2　SNS・メール・インターネット

気をつけて！

いやらしいホームページに来ちゃったよ～

水着の女の人の写真をクリックしたら、いやらしいホームページに来ちゃったよ～。どうしよう～！

エヘヘ。せっかくだからちょっとくらい見てもいいんじゃない？

出会い系サイトに来ちゃったよ～

アイドルが恋人募集中だって！どんな人がいるんだろう？サイトをちょっとのぞくくらいだったらだいじょうぶよね…？

これって出会い系サイトじゃないの？のぞくのもやめたほうがいいよ。

ルル村さんに聞いてみよう

おとな向けのサイトはすぐ閉じる

いやらしいサイトや出会い系サイトなど、おとな向けのサイトが表示されてしまったときは、すぐに前のページに戻ること！おもしろがってクリックしたり、画像や動画をダウンロードしてはダメ。サイトには「無料」と書いてあっても、あとで高額な請求をされるかもしれない。サイトに書かれていることをうのみにしないこともたいせつよ。子どもはおとな向けのサイトには近づかないこと。

ルール68　おとな向けのサイトには近づかない

パート2 SNS・メール・インターネット　コラム

ルル村さんの知恵の小箱

情報を検索するときのルール

インターネット上で公開されている情報は、すべてが正しいわけではないの。
情報を検索するときは、これから説明する3つのルールを守りましょう。

情報を発信している人がどういう人かによって、信頼できるものかどうかがわかるよ。
なるべく信頼できる団体の作ったサイトで調べようね。
たとえば…　・文部科学省や厚生労働省など、政府、財団などが運営しているサイト
　　　　　　・有名な会社や専門機関のサイト
　　　　　　・博物館や美術館などのサイト
など、発信源がたしかなところで調べましょう。

検索のルール1　だれが発信した情報かを確認する

インターネット上にあるサイトは、どんどん新しい情報に書きかえられるけれど、古い情報がそのままになっていることもあるの。ページを最後に書き直した日時である「更新日時」が書いてあったら、新しいかどうかを確認してみてね。

検索のルール2　いつ書かれた情報かを確認する

学校の調べ学習などでサイトの情報を参考にしたときは、レポートの最後に、そのページのタイトルとアドレスを書いておくこと。
情報のもとがどこなのか、きちんとわかるようにしておこうね。

検索のルール3　参考にしたサイトのアドレスを書く

おわりに

社会のルールわかったかな？

　家族や学校のクラスの仲間は、みんなよく知っている人ばかりだけれど、一歩町に出ると、道路でもお店でも駅でも、知らない人がいっぱいですね。知らない人のことは、だれでもあまり気にしないものです。それで、気づかないうちに人に迷惑をかけてしまうことがあります。ひとりのときより、友だちといっしょにいるときのほうが注意が必要です。知っている人がそばにいると、まわりのことを、ついわすれてしまうからです。

　社会のルールのきほんは、まわりの知らない人にも気をつかうということ。でも、むずかしく考えることはありません。町の中でアナタも「あっ、いやだな」という経験をしたことがあるでしょう？　自分がいやだと思ったことは、まわりの人にもしないこと。それでも迷惑をかけてしまうことはあるかもしれませんね。気がついたら、「ごめんなさい」とすなおにあやまりましょう。そうして、ひとつひとつルールをわかっていくことがたいせつなのです。

10歳からのルールを考える会

新・10歳からのルール100
②社会のルール

2016年11月21日　　初版第1刷発行
2019年 2月25日　　　　　第2刷発行

編集	10歳からのルールを考える会
編集協力	志村裕加子（足立区立千寿常東小学校教諭）
制作	株式会社　凱風企画
制作協力	八木彩香（フリーライター）
イラスト	つぼいひろき

発行者　西村保彦
発行所　鈴木出版株式会社
　　　　〒101-0051　東京都千代田区神田神保町3-5 住友不動産九段下ビル9F
　　　　電話　03-6774-8811
　　　　FAX　03-6774-8819
　　　　振替　00110-0-34090
　　　　ホームページ　http://www.suzuki-syuppan.co.jp/
印刷　　株式会社ウイル・コーポレーション

©Suzuki Publishing Co., Ltd. 2016
ISBN978-4-7902-3320-6　C8037
Published by Suzuki Publishing Co.,Ltd.
Printed in Japan
NDC370/39P/28.3×21.5cm
乱丁・落丁は送料小社負担でお取り替えいたします

新・10歳からのルール100
②社会のルール

36 近所の人にあいさつをする
37 人が多く出入りするところでたむろしない
38 自転車の管理は自分でする
39 暗くなったら自転車のライトをつける
40 自転車に乗るときは交通ルールを守る
41 正しいことばづかいでおとなと話す
42 親切にしてもらったらお礼をいう
43 落とし物は交番に届ける
44 ペットのフンはきちんとしまつする
45 ゴミをポイすてしない
46 閉じたカサの持ち方に注意する
47 エスカレーターで走らない
48 店の商品をむやみにさわらない
49 酒やタバコに手を出さない
50 万引きをしない
51 ドラッグには手を出さない
52 電車やバスの中で人に迷惑をかけない
53 電車やエレベーターでは、降りる人がすんでから乗る
54 電車やバスでは、お年寄りやからだの不自由な人に席をゆずる
55 順番待ちの列にわりこまない
56 映画館や美術館では静かにする
57 その場所のルールを守る
58 撮影をしてはいけない場所では、写真をとらない
59 立入禁止の場所や人の敷地に入らない
60 あぶないと思ったら大声で助けをもとめる
61 暗くなったらおとなといっしょに出かける
62 せきやくしゃみをするときは口を手でふさぐ
63 歩きケータイ・スマホをしない
64 よその家にあがったら勝手なことをしない
65 著作権で守られている作品を勝手に使わない
66 個人情報をむやみに公開しない
67 必要のないクリックはしない
68 おとな向けのサイトには近づかない

①友だち・学校のルール
ルール1-35がのっています。

③家族のルール
ルール69-100がのっています。